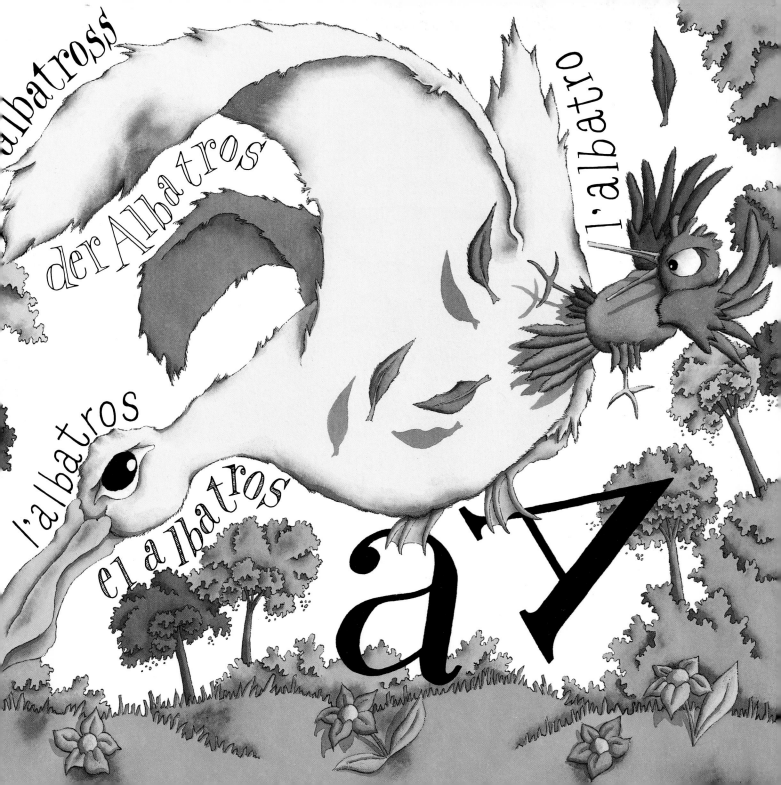

buffalo der Büffel le buffle el búfalo il bufalo

B b

Dd

der Delphin
dolphin

le dauphin

el delfín

il delfino

elephant

der Elefant

l'éléphant

el elefante   l'elefante

E

e

flamingo   derFlamingo   le flamant

rose   el flamenco   il fenicottero

Ff

kiwi der Kiwi le kiwi el kiwi il kivi

lion der Löwe le lion el león il leone

L l

la mangusta

la mangouste la mangosta

mongoose der Mungo la mango

M M m

nest

das Nest

le nid

el nido

il nido

le panda   el panda   il panda

panda   der Panda

P

P

t T

tiger der Tiger   le tigre el tigre la tigre

Uu

unau das Unau l'unau commun el unau l'unau

viper
die Viper
la vipère
la víbora
la vipera